7.
Lk 1195.

L'ÉGLISE

DE SAINTE-FOY.

L'ÉGLISE DE SAINTE-FOY.

La ville de Sainte-Foy a été fondée au treizième siècle par un prince du sang de saint Louis. L'ancienne église date de la même époque; elle fut détruite pendant les guerres civiles de la fin du seizième siècle. En 1621, après un siége de trois jours, qui le rendit maître de la ville, Louis XIII y rétablit le culte catholique; une modeste chapelle, qui pouvait renfermer de deux à trois cents personnes (1), fut adossée à l'ancien clocher, resté debout, ainsi que la façade de la vieille église. En 1685, par suite des démarches de Mascaron, évêque d'Agen (Sainte-Foy dépendait alors de ce diocèse), et grâce à la munificence royale de Louis XIV, une nouvelle église fut bâtie; on l'établit sur les anciens fondements, mais on ne lui donna que les deux tiers de la longueur primitive; l'espace resté libre fut clos de mur et consacré à la sépulture des petits enfants. La nouvelle église était solidement bâtie, mais sans aucun caractère qui rappelât la construction pri-

(1) Procès-verbaux des visites faites dans l'Archiprêtré de Sainte-Foy par les évêques d'Agen, et en particulier par le pieux et illustre Mascaron.

mitive : un lambris remplaçait la belle voûte ogivale en pierre, et l'on bâtit des colonnes d'ordre corinthien à la place des piles anciennes, et des pilastres au lieu des demi-colonnes dont la façade offrait et offre encore à l'intérieur un précieux et élégant modèle.

Depuis deux siècles, la population catholique a beaucoup augmenté; elle a atteint les deux tiers de la population totale, qui est de 4,500 âmes, en y comprenant celle des communes rurales de Saint-Philippe et de Pineuilh, annexes de Sainte-Foy.

Un agrandissement était depuis longtemps reconnu nécessaire; des tribunes en bois, d'un usage incommode et de l'effet le plus disgrâcieux, avaient été établies; toutefois, beaucoup de personnes étaient privées, les jours de dimanche et de fête, d'assister aux Offices. Le projet d'agrandissement et de réparation est devenu, grâce aux sacrifices de la population si religieuse de Sainte-Foy, au concours du Gouvernement et d'un grand nombre de pieux fidèles, un projet de reconstruction presque entier. Les murs latéraux seuls sont conservés, et on les prolonge sur les anciens fondements de manière à reprendre tout le terrain primitif. M. Labbé, architecte de Bordeaux, s'inspirant des restes de l'ancien édifice, tels que la forme des piles, la hauteur, la courbure et les nervures des voûtes, a comme refait la vieille église; ses plans ont été adressés à Paris, et y ont reçu la plus flatteuse approbation; et le 15 août, le jour de l'Assomption, fête patronale de Sainte-Foy, l'adjudication a eu lieu sur une mise à prix de 71,900 francs. Elle avait été divisée par nature de travaux; les ouvriers du pays ont fait de généreux efforts pour que l'adjudication leur restât, et ils ont été assez heureux pour réussir.

Les ressources pour la construction se composent : 1° d'une somme de 25,000 fr., formée des recettes disponibles de la Fabrique, des sacrifices des habitants catholiques de Sainte-Foy, et d'autres souscriptions qui ont été recueillies en dehors du pays ; 2° d'une somme de 17,000 francs, votée par le Conseil municipal ; 3° d'un secours de 20,000 fr., accordé par le Gouvernement.

Le déficit, réduit à 6 ou 7,000 francs par suite des rabais de l'adjudication, sera couvert par de nouveaux sacrifices et par les aumônes de la charité, que nous sollicitons de nouveau avec confiance. D'ailleurs, tout est à faire pour la décoration de la future église : il n'y a point de vitraux, point d'orgues, point de tableaux ni peintures, point de boiseries, pas même d'autel convenable. Et nous voudrions que l'église de Sainte-Foy, dans sa position exceptionnelle, fut une prédication muette, mais éloquente et continuelle, non-seulement par le caractère profondément religieux de son architecture, mais encore par tout l'ensemble de sa décoration.

Puisse la Providence bénir nos démarches présentes et nos vœux pour l'avenir !

Une souscription a été proposée à un sou par semaine pendant deux ans ; les souscripteurs sont invités à réciter chaque semaine les litanies de sainte Foy, patrone secondaire de la paroisse, ou du moins à l'invoquer pour le succès de l'œuvre. Une messe est dite pour les souscripteurs tous les premiers samedis du mois, à huit heures.

Lettre pastorale de Monseigneur l'Archevêque de Bordeaux,

AUX HABITANS DE LA VILLE DE SAINTE-FOY,

Pour les exhorter à agrandir leur église.

Ferdinand-François-Auguste DONNET, par la grâce de Dieu et l'autorité du Saint-Siége Apostolique, Archevêque de Bordeaux, Primat d'Aquitaine,

Au Clergé et aux habitants de Sainte-Foy,

Salut et bénédiction en Notre-Seigneur Jésus-Christ.

Les guerres du seizième siècle ayant détruit votre église primitive, une autre fut élevée sur ses ruines, mais dans des proportions peu en rapport avec l'importance de votre ville, et avec la nouvelle population que lui donnait la suppression du service paroissial dans les deux communes de Pineuil et de Saint-Philippe.

Aussi avez-vous toujours désiré pouvoir lui rendre ses anciennes dimensions. La nécessité s'en est fait sentir plus que jamais pendant les heureux jours où il nous a été donné de vous faire entendre la parole du salut : combien de personnes qui n'ont pu, aux dernières solennités, trouver place dans son étroite enceinte?

Cependant, comme nous aurions aimé à vous voir tous serrés autour de nous! Pourrons-nous jamais oublier cet empressement, ces signes éclatants de respect, de piété filiale, pour tout dire en un mot, cette ivresse religieuse digne des plus beaux jours de l'Église. Ce souvenir, toujours présent à notre esprit, se mêlera désormais à nos actions de grâces, et nous fera souvent répéter avec le grand apôtre : *Béni soit le*

Dieu qui nous comble en notre Sauveur de toutes sortes de bénédictions pour le ciel (1).

Vous comprenez dès-lors, N. T.-C. F., le but de la lettre que nous vous adressons aujourd'hui comme une preuve de notre sollicitude pastorale et de notre tendre affection. Nous voulons vous rappeler que si c'est une œuvre méritoire et digne d'éloges d'assister l'indigent, de recueillir l'enfant abandonné, de visiter le prisonnier, il faut aussi procurer à ceux de nos frères qui ne peuvent l'obtenir qu'à l'aide de notre générosité, le bienfait de l'instruction religieuse et de toutes les faveurs spirituelles que Dieu dispose dans nos églises. Ah! si nous avions l'intelligence de la puissance et de la bonté de Celui qui, chaque jour, à chaque instant, veut se faire Dieu pour nous et avec nous, par sa présence réelle dans nos Tabernacles; si nous étions pénétrés du sentiment de ces mystères de grâce et d'amour qui descendent de nos chaires, s'opèrent sur nos autels et dans les tribunaux de la réconciliation, les plus riches offrandes pour la construction et l'entretien de son sanctuaire ne nous paraîtraient pas une assez magnifique expression de notre foi et de notre reconnaissance.

Sans doute, le Seigneur n'a pas besoin de l'humble demeure que peut lui élever la main de ses enfants; il remplit tous les lieux de son immensité; mais nous savons que notre piété a besoin du secours des formes extérieures, des images sensibles, pour se ranimer et se soutenir, et que tous ces riches monuments, sublime essai du génie chrétien, dont la foi de nos pères avait couvert le sol de la France, sont un des

---

(1) Benedictus Deus qui benedixit nos in omni benedictione spirituali, in cælestibus, in Christo. (Eph. I. 3.)

moyens que la divine bonté nous ménage pour arriver jusques dans les splendeurs de l'immortelle patrie.

En entrant dans une belle église, notre cœur est ému, et nous sommes tentés de dire, avec le prince des Apôtres, dans l'extase des joies et des gloires du Thabor : *Il fait bon ici, faisons-y notre demeure* (1); ou de nous écrier avec le Prophète, en contemplant la majesté du temple, la décoration de son sanctuaire, l'éclat et la pompe de ses cérémonies : *Que vos Tabernacles sont beaux, Dieu des armées ! Que vos tentes sont magnifiques, ô Israël !* (2).

Nous voyons dans votre ville des rues propres, bien alignées, de toutes parts des maisons commodes, spacieuses, adaptées aux besoins et à la position de ceux qui les habitent..... et le temple du Seigneur, le tabernacle de son alliance, manqueraient seuls des proportions et de la dignité convenables ?

Peut-être que quelques frères, cédant aux calculs d'une prudence trop humaine, ont dit jusqu'à ce jour, comme autrefois les temporiseurs d'entre les enfants d'Israël, au retour de la captivité : *Le temps n'est pas encore venu de relever la maison du Seigneur.....* Qu'ils nous permettent de leur répondre, avec un prophète : *Est-il temps que vous ayez des habitations où rien ne manque et que le Maître ait à peine où reposer sa tête ?* (3).

Fidèles à cette inspiration, vous commencerez votre œuvre,

---

(1) Bonum est nos hic esse. (Luc. IX. 33.)

(2) Quam pulchra tabernacula, Jacob, et tentoria tua, Israël ! (Num. XXIV. 5.)

(3) Nondùm venit tempus domús Domini ædificandæ. — Nùmquid tempus vobis est ut habitetis in domibus laqueatis? (Agg. I. 2 et 3.)

N. T.-C. F.; vous mettrez en commun et vos sueurs et les pieuses offrandes de la richesse et de la pauvreté; le ciel couronnera vos efforts, et vous pourrez peut-être bientôt vous écrier : Le voilà enfin ce sanctuaire que tous nos vœux appelaient, que nos mains ont relevé, que l'étranger admire, que nos voisins nous envient, et qui portera jusqu'à nos derniers neveux, comme un souvenir éternel, le nom béni de ses restaurateurs !

Les moyens à employer, sont : 1° une souscription à domicile, faite par M. le Maire, M. le Curé et les membres du Conseil municipal et du Conseil de fabrique; 2° une allocation du Conseil municipal et du Conseil de fabrique; 3° un secours du gouvernement.

Ces trois moyens ont suffi pour rebâtir, en entier ou en partie, les églises de Libourne, Saint-Martial, Langon, Talence, Saint-Julien, Ambarès, La Bastide, Talais, Saint-Aubin, Lamarque, Loirac, Gradignan, Camblanes, Gujan, Verdelais, Saint-Paulin, Saint-Delphin, Macau, Cérons, Saint-Maixant, Gornac, Arveyres, Plassac, Pian, Saint-Yzans, Arès, Saint-Vincent-de-Paule, Saint-Sulpice, Saint-Seurin-de-Cadourne, Fargues, Hure, Lartigues, Arcins, Loupiac, Sauternes, Vensac, Saint-Antoine, Carcans, et de quelques autres localités bien moins importantes que la vôtre, qu'il serait inutile de citer.

Montrez donc à la face des Églises, vous dirons-nous avec le grand Apôtre, *la charité qui est en vous* (1). Nous vous promettons notre concours, et nous pouvons vous assurer le concours aussi dévoué qu'intelligent du premier Magistrat de

---

(1) Ostensionem ergò quæ est charitatis vestræ in illos ostendite, in faciem Ecclesiarum. (II. Cor. VIII. 14.)

ce département, à qui nous avons fait connaître l'urgence de vos besoins.

Sera lue notre présente Lettre Pastorale, dans l'église de Sainte-Foy, à tous les Offices, le saint jour de Pâques, 8 avril, et pourra être communiquée à toutes les personnes qui désireraient prendre part à la bonne œuvre que nous recommandons.

Donné à Bordeaux, sous notre seing, le sceau de nos armes et le contre-seing du secrétaire-général de notre Archevêché, le 31 mars 1849.

C'est le lendemain de l'adjudication que la cérémonie de la bénédiction et de la pose de la première pierre a eu lieu, avec la solennité que la population catholique de Sainte-Foy sait donner, par son enthousiasme et sa piété, à toutes ses fêtes religieuses. Le bruit du canon, le son de la cloche, avaient plusieurs fois depuis la veille annoncé le moment de la bénédiction, fixé à quatre heures. Un nombreux clergé s'était rendu de toutes les paroisses environnantes, et il est parti processionnellement du presbytère, accompagné par le Conseil municipal, le Conseil de fabrique et la Garde nationale. Pendant la procession, le *Magnificat* a été chanté par toutes les bouches, et il retentissait délicieusement dans tous les cœurs.

L'emplacement sur lequel devait avoir lieu la cérémonie était envahi depuis longtemps par une foule nombreuse et pressée, dont l'aspect était d'un effet saisissant; des matériaux déjà déposés sur une partie de la place servaient d'amphithéâtre à un grand nombre de spectateurs; les enfants des Frères de l'Ecole Chrétienne formaient un chœur sur ce terrain exhaussé, et répondaient au chant des Psaumes; une estrade de pierres entassées a reçu le clergé. Un profond silence s'est établi dans cette assemblée de plus de deux mille personnes à ciel ouvert, et les chants, les prières, fixées par le rituel ont eu lieu. Après un discours prononcé par M. le curé de Sainte-Foy, M. de Brugière, maire de la ville, lui a adressé quelques paroles pleines d'émotion et de bienveillance; M. le curé a renvoyé à la population si religieuse de sa paroisse, à ses prières, à ses sacrifices, tout l'honneur du succès de cette grande entreprise.

Après la cérémonie, chacun a voulu frapper la pierre et déposer son offrande; bien des larmes d'émotion ont été répandues, bien des prières ont été prononcées sur cette base du nouvel édifice, si heureusement entée sur l'ancien.

Puis, la procession s'est formée de nouveau; le *Te Deum* a été entonné et chanté avec enthousiasme; à la porte du presbytère, des paroles de fraternelle harmonie, des acclamations ont été échangées : *Vive Sainte-Foy! vive M. le maire! vive M. le Curé!*

Fundamenta ejus in montibus sanctis : diligit Dominus portas Sion super omnia tabernacula Jacob.

Les fondements de cette Cité sont établis sur les saintes Montagnes : le Seigneur préfère les portes de Sion à tous les pavillons de Jacob.

(Ps. LXXXVI, *chanté pendant la cérémonie de la Bénédiction.*)

A l'Église, notre mère, le cantique de triomphe que nous venons de chanter; c'est à elle surtout que ces paroles prophétiques s'adressent : Ses fondements reposent sur la sainteté même de Dieu par Jésus-Christ, et en Jésus-Christ, qui l'a établie. Jamais Dieu ne montra pour la synagogue la prédilection qu'il accorde à l'Église. C'est la cité de Dieu dont on raconte des merveilles : *Gloriosa dicta sunt de te, civitas Dei;* son passé, son présent, son avenir, ses persécutions, ses malheurs, ses joies, ses conquêtes, tout, jusqu'aux fautes de ses enfants, devient pour elle un sujet de gloire. Les peuples les plus étrangers et les plus barbares ont reçu et reçoivent encore dans son sein maternel une nouvelle vie ; pour elle, il n'y a point d'étrangers sur la terre, il n'y a que des enfants : *Ecce alienigenœ... fuerunt illic.* Elle a été sauvée surtout par la naissance, la vie, la mort de l'Homme-Dieu : *Nùmquid Sion dicet, homo et homo natus est in eà.* Oh ! oui, c'est la main du Tout-Puissant qui l'a fondée : *Ipse fundavit eam Altissimus.* Elle ne périra pas : à elle l'avenir des peuples; par elle leur véritable gloire et leur félicité : *Sicut lætantium omnium habitatio est in te.*

Mais ce chant de triomphe et de joie s'applique également à nos édifices religieux, image saisissante, quoique matérielle, de l'Église, réunion des fidèles formée par Notre-Seigneur Jésus-Christ. Oui, à toutes les églises destinées au véritable culte et à la prière, et en particulier à la nôtre, à celle qui nous abrite encore, à celle surtout qui abrita nos pères, l'hymne de triomphe, le cantique de joie. Ces fondements que vos mains religieuses ont découvert depuis quelques jours, et révélé momentanément à nos regards, n'ont pas reçu seulement la bénédiction ordinaire, comme symbole de Jésus-Christ, pierre angulaire de l'Église, ils ont encore la consécration spéciale d'une antique origine; ils enfoncent leurs fortes racines dans ces âges reculés où la foi fut si vive et enfanta tant de prodiges de dévouement et de sainteté, *fundamenta ejus in montibus sanctis.*

Oh! regardez-les avec une respectueuse émotion! N'admirez-vous pas, ne bénissez-vous pas cette prédilection particulière que Dieu semble avoir portée à notre vieille église? *Diligit Dominus portas Sion.* La main du temps, celle de l'homme, n'aura rien pu sur ses destinées; tant d'autres temples sont tombés, et sont tombés sans retour! et le nôtre va revivre, ses fondements rajeunis vont reverdir et donner une floraison nouvelle de murs épais, de sveltes colonnes, de voûtes élancées, fidèle et gracieuse reproduction du passé

Gloriosa dicta sunt de te, civitas Dei. Cité de Dieu, maison de la prière, tabernacle du Dieu incarné, ton histoire, malgré ses amertumes et ses tristesses, oh! oui, ton histoire est glorieuse, et ton présent, ton avenir répondront, je l'espère, à ton brillant, à ton héroïque passé. Ton enceinte réunit autrefois des familles de diverse origine, tu présidas à la formation de cette cité, et, plus que tout autre moyen, tu contribues à cimenter l'union entre ses nouveaux habitants; tu fus, en toute vérité, la première maison commune de nos pères, la maison où riches et pauvres pouvaient entrer, quand bon leur semblait, pour traiter, à titre égal, de la grande affaire du salut et de l'éternité. Oh! redeviens dans l'avenir, et dans un avenir le plus prochain possible, redeviens *la maison commune* de tous nos frères et bien-aimés concitoyens; qu'il n'y ait plus d'étrangers parmi nous, qu'il n'y ait plus qu'une famille de frères enfants du même Dieu et de la même Église : *Ecce alienigenæ fuerunt illic.*

Cet appel à la réunion future au nom de l'union passée, nous pouvons le justifier par de palpables, par de présents témoignages : ce sol béni, vous l'avez vu, il est à moitié formé de la cendre de nos pères. Hier encore, on apercevait de tous côtés leurs ossements desséchés, pieux dépôt que nous avons religieusement rendu à une terre consacrée par les bénédictions de l'Église ; oui, un grand nombre de nos pères reposaient ici ; eh bien! *defunctus adhuc loquitur* : ils nous disent dans le silence de leurs tombes ce qu'ils étaient, ce que tous nous devrions être ; ils nous disent quelle fut leur foi, quelles étaient leurs espérances.

Mais un autre témoignage plus frappant, plus solennel encore, puisqu'il se rattache à l'une des principales causes de nos divisions religieuses, nous est donné aujourd'hui : *Homo et homo natus est in eá ;* oui, là, sous nos yeux, à cette place que vous entourez en ce moment de vos rangs pressés, l'homme par excellence, l'Homme-Dieu, est né tous les jours pendant plusieurs siècles ; il est né des milliers de fois à la vie eucharistique. Regardez! voici la place où s'élevait l'antique autel, cet autel du sacrifice que Jésus-Christ inaugura à la dernière Cène et au Calvaire, le même que connurent les Apôtres, et dont se glorifiait saint Paul dans ces énergiques paroles : *Habemus altare de quo edere non habent potestatem qui tabernacula deserviunt.* « Nous avons un autel dont la victime ne peut être donnée en nourriture aux disciples obstinés de la synagogue. » Le même encore où Monique mourante donnait un rendez-vous de prières à ceux qui entouraient son lit de mort, et en particulier à son fils Augustin.

Ah! nous en avons la confiance, le sang de l'Agneau, après avoir crié si longtemps miséricorde et pardon, aura été exaucé! La vengeance du nouvel Abel, vous le savez, c'est la conversion des âmes, c'est leur retour à Dieu et à la véritable foi. Oh! mon Dieu! nous pouvons donc espérer la réalisation de la dernière parole inspirée à votre Prophète : *Sicut lœtantium omnium habitatio est in te.* « Ceux qui demeurent dans votre enceinte, ô cité de Sion ! seront transportés de joie. » Oui, *tout* sera joie pour nous, et plus tard *tout* sera joie pour *tous* dans cette grande entreprise. Déjà nous avons traversé les plus difficiles épreuves, et grâce à vous, ô mon Dieu ! les oppositions n'ont rien eu de blessant, le succès n'a rien eu d'agressif ; plus heureux que les habitants de Jérusalem dans la reconstruction du temple au retour de la captivité, nous pouvons, dans notre pieuse ardeur, travailler des deux mains ; notre cœur seul sera libre et ouvert pour aimer et pour bénir.

Magistrats, peuple, pasteurs (celui-là surtout qui nous a laissé, en quittant cette paroisse, le soin de continuer l'œuvre qu'il avait, pendant plusieurs années, si laborieusement et si heureusement préparée, aux dépens de sa santé et de ses forces) (1), tous, nous avons travaillé, mais dans un sentiment commun de foi, de prière et de charité. Nous étions animés par l'exemple et les encouragements du premier Pasteur, qui justifie si bien en toute circonstance le choix de sa noble et touchante devise (2). Faites, ô mon Dieu ! que ce sentiment persévère toujours ; qu'il augmente, qu'il se développe, qu'il gagne de proche en proche, par une sainte et heureuse contagion ; et enfin, oh ! enfin, qu'il devienne unanime : *Sicut lœtantium omnium habitatio est in te.*

Ah ! si un jour, tous nos frères, tous nos concitoyens, tous nos chers compatriotes, enfants comme nous de cette ville et de cette contrée, entraient et se pressaient dans cette

(1) M. Bos, ancien curé de Sainte-Foy, nommé chanoine de la métropole.
(2) *Ad finem fortiter omnia suaviter.*

enceinte agrandie, l'espérance la plus chère et la plus ancienne de nos jeunes années serait réalisée; notre vœu actuel le plus ardent serait accompli; nous mourrions avec bonheur, et notre suprême appel aux miséricordes infinies, en paraissant devant le tribunal du souverain Juge, serait l'union des esprits et des cœurs consacrée pour toujours dans les liens d'une foi commune et d'une même charité!

Ainsi soit-il! ainsi soit-il!

Bordeaux, impr. de J. Dupuy et Cⁱᵉ, rue de la Devise, 12.

www.ingramcontent.com/pod-product-compliance
Lightning Source LLC
Chambersburg PA
CBHW070539050426
42451CB00013B/3082